ヨブ記・伝道者の書

ー苦しみの日にー

見よ。
神が私を殺しても、
私は神を待ち望み、
なおも私の道を神の御前に主張しよう。
神もまた、私の救いとなってくださる。

ヨブ記 13章 15-16節

表紙イメージ：

ギュスターヴ・ドレ『ヨブと友人たち』（ヨブ記 2:11-13）＜部分＞

1832-1883 年 エッチング "The Doré Bible Illustrations" より

目 次

さあ始めましょう ―手引の使い方―

この小冊子は、「手引」と呼ばれる質問集で、小グループで共に聖書を読むための助けとして作られました。また、個人の学びや日々の祈りのためにも使うことができます。

◆グループで使う場合の指針

司会者：グループの中で司会者を決めましょう。

【役割】

・司会者は教えるのではなく、手引にそって質問し、
・参加者が自由に意見を述べ、話し合えるように励まします。
・どのような意見でもその是非を判断せず、分からないことや意見の相違を無理に解決しないで先に進みましょう。
・グループでの学びが何回かにわたっても、「祈り」までは一人の司会者が担当するとよいでしょう。

【準備】

・司会者は、あらかじめ聖書箇所を読み、
・質問、脚注、コラムや「まとめ」によって、その箇所の意味を理解し、
・「考えよう」で、聖書の言葉にどのように応答するかを、ある程度、思い描いておくことが大切です。

参加者

・実り豊かな学びのために予習をしておきましょう。
・お互いの意見を尊重し、考えたことを率直に分かち合います。
・他の人や別の本から学んだことを話すのではなく、該当する聖書箇所と手引に書かれていることから語り合いましょう。
・脱線したり、一人で長く話したりしないように気をつけます。

参照する聖書箇所に関して

開いて参照するように指示がある場合は、グループでも開いて確認してください。しかし、その他の箇所、たとえば、コラムや脚注などにある聖書箇所は、興味ある人が確認するためのもので、グループの学びでは開く必要はありません。

グループの状況に応じて

一回で進む範囲は、グループの状況や必要に応じて調節してください。「考えよう」の質問と「祈り」は、一つの例ですので、グループの状況に合わせてお使いください。

解釈の違い

解釈の違いがある場合は、教会の指導者の立場を尊重してください。

より詳しく

手引の使い方や、他の手引について詳しく知りたい方は、ウェブサイト（https://syknet.jimdo.com）をご覧ください。

凡 例

〔　〕　この手引は「聖書 新改訳 2017」(以下「新改訳」)に準拠しています。〔　〕は「聖書 聖書協会共同訳」(以下「共同訳」)の表記で、新改訳と異なり必要と思われる場合に記しています。聖書各巻の略語は、新改訳巻末の一覧に従っています。

例) イザヤ書 45 章 18 節 → イザ 45:18

脚　注　下線のある言葉は、各ページの下(脚注)で解説されている用語です(例:ヨブ[a])。

コラム　聖書を理解する上で助けとなる説明がされています。

コラムと豆知識 テーマとページ (カッコ内は豆知識)

「ヨブ記」と「伝道者の書」を読む前に

旧約聖書の中で、神は、ご自身とその御旨を様々な方法で示されました。それは、律法を与えること、実際に歴史に働きかけること、また、預言者を通して民に語ることなどでしたが、知恵も神がご自身を啓示する一つの方法です。ヨブ記と伝道者の書は、知恵を主題にした書の一つです。

創造の秩序と知恵

神は、ご自身の知恵によって世界と人間を造られました。複雑で有機的で美しく造られた世界の背後には、神の知恵によって定められた創造の秩序があります。それは、ふさわしい時に種を蒔けば、より豊かな実りを得るといった自然界の秩序をはじめ、勤勉であれば豊かになり、神を敬って正しい生き方をすれば幸せになり、悪しき者は裁かれるといった、人間の生き方に至るまで、世界全体を支えている秩序です。この秩序を探求した結果が知恵文学です。箴言はその典型的なものです。

秩序の歪み

しかし、アダムとエバが神に反逆して以来、現実は複雑になりました。正しい人が苦しみ、悪者が栄えるという不条理な現象が生じたのです。そのような、「秩序の歪みによってもたらされた不条理な現実」に取り組み、答えを得ようとしたのがヨブ記と伝道者の書です。

古代の信仰者だけの問題ではなく、現代に生きる私たちにも、同じ問いが投げかけられています。**なぜ**、正しい人が苦しまなければならないのか、苦しみの中で、信仰者は**どのように**生きていけばよいのか。ヨブ記は前者の「なぜ」、伝道者の書は後者の「どのように」という問いに焦点を当てています。ヨブ記と伝道者の書の声に耳を傾けてみましょう。

第一部

ヨブ記

―正しい人がなぜ苦しむのか―

「ヨブ記」を読む前に

ヨブ記は、旧約聖書の中で、特異な書です。まず、ヨブをはじめ、その友人もイスラエル人ではありません。出来事の背景もイスラエル国内ではなく、その東の地域です。初めと終わりは物語文ですが、その間に記された対話は練られた詩文です。背景となっているのは、アブラハム前後の時代ですが、この書が書かれた、あるいはまとめられた時期に関しては、学者の間で意見が大きく分かれています。そして何よりも特異なのは、そのメッセージです。旧約聖書は全体として「神を敬う正しい人は祝福される」と教えていますが、それと矛盾するかのように、「正しい人が理由もなく苦しむことがある」と語っているからです。

しかし、ヨブ記が旧約聖書の一部として加えられたということは、この書がイスラエルの人々にとって重要であり、必要であったことを示しています。

現代の信仰者にとってもヨブ記は重要です。「正しい人、また、敬虔な信仰者が苦しむことがある」という現実から目をそらすとき、ちょうどヨブがそうであったように、苦しむ信仰者が不当に責められることになります。ひいては、私たちの信仰生活全体が不健康なものになっていきます。

ヨブ記から、この大切なメッセージを学んでいきましょう。

学びに入る前に

ヨブ記を読むときは、語り手が誰で、誰に向かって話しているかに注意を払いましょう。ヨブと友人たちは三回の対話をしますが、本手引では、繰り返しの多い二回目と三回目の対話は、詳しくは取り上げません。しかし、予習の際にはヨブ記全体を読みましょう。

1課　ヨブのわざわい　1-3章

A　ヨブについて　1:1-5

1　ヨブはどのような人ですか。ヨブについて分かることをあげましょう。脚注参照[a]

2　ヨブが子どもたちのためにしていたことから、ヨブについて分かるのはどのようなことですか。

3　神を恐れ〔畏(おそ)れ〕るヨブにとって、避けるべき大きな罪は何だと思いますか。

B　第一のわざわい　1:6-22

1　ヨブへの主の評価はどのようなものですか。それに対してサタン[b]は、ヨブの信仰をどのように見ていますか（1:6-10)。神の子ら[c]

2　サタンはヨブにどのような罪を犯させようとしていますか（1:11)。

3　主はサタンにどのようなことを許しましたか（1:12)。

4　ヨブの牛、ろば、そして若い者[d]に何が起こりましたか（1:13-15)。シェバ人[e]

---

[a] ウツの地：エドム、あるいはアラムの地域とされている。
東の人々：アラム人、エドム人、モアブ人、アンモン人など、イスラエルの東の諸民族を指す言葉。

[b] サタン：「敵対する者」の意。

[c] 神の子ら：ここでは、神に仕える天使を指す。

[d] 若い者：1:3 のヨブが所有していたしもべを指す。

[e] シェバ人：アラビア半島の王国の人々。ただし、北アラビアの部族を指すという説、あるいは、カルデア人と共に、遊牧民の代名詞だったという説もある。

5 ヨブの羊、らくだ、そして若い者たちに何が起こりましたか(1:16-17)。カルデア人[a]

6 ヨブの子どもたちに何が起こりましたか(1:18-19)。以上の結果を 1:2-3 と比べてみましょう。

7 1:2-3 に記されていた祝福のすべてを失ったヨブはどのように応じましたか(1:20-22)。脚注参照[b]

8 ヨブは、「主は与え、主は取られる」と言って、このわざわいが神からのものと認めています。もしあなたが、ヨブのように突然の不幸に襲(おそ)われたとしたら、その原因をどのように考えると思いますか。

C 第二のわざわい　2:1-10

サタンは、「ヨブは理由もなく神を恐れているのでしょうか」(1:9)と、ヨブの誠実さを疑い、すべての財産を奪(うば)いました(1:9-11)。

1 ヨブに対する主の評価はどのようなものですか(2:1-3)。

2 それに対してサタンは、ヨブの信仰をどのように見ていますか(2:4-5)。

3 主の許可のもとに、何が起こりましたか(2:6-8)。

4 ヨブの妻は、何と言いましたか(2:9)。それはヨブとサタンにとってどのような意味があったと思いますか(1:5、11 参照)。

5 主にすべてを奪われた夫を見て、あなたならば、どのように応じるでしょうか。

---

[a] カルデア人:南バビロニアのペルシア湾沿岸の地方の人々。後に、バビロニア人と同義語となる。ここでは、遊牧民の代名詞だったという説もある。

[b] 上着を引き裂き、頭を剃(そ)り:どちらも、嘆(なげ)きの表現。

6　ヨブは起こった出来事をどのように受け止めていますか（2:10)。

7　「わざわいをも受けるべき」というヨブの考えをどう思いますか。

D 三人の友人の来訪　2:11-13

1　ヨブを訪ねてきた友人は誰ですか。ヨブの身に降りかかったわざわいを目の当たりにして、どうしましたか（2:11-13)。脚注参照[a]

2　ヨブの友人たちは、どうして七日間も「一言も彼に話しかけなかった」のだと思いますか。友人たちの気持ちが理解できますか。あなたなら、どうしたと思いますか。

E ヨブの心境　3:1-19

1　ヨブは何を願っていますか。3:1-10を要約してみましょう。

2　次の3:11-19はどうでしょうか。要約してみましょう。脚注参照[b]

3　ヨブは3:20-26で自分のことをどのように表現していますか。

4　あなたはヨブの心境をどう思いますか。あなたがヨブのような苦しみにあったなら、どのように感じるでしょうか。

---

[a] テマン人：エサウの子孫となる（創36:9-11)、エドム人の一氏族。
シュアハ人：アブラハムの妻ケトラの子の子孫（創25:1-2)。アラムの中のユーフラテス川沿いの地域に住んだ。
ナアマ人：北西アラビアかエドムの町の住民。トバル・カインの妹と関係があると言われている（創4:22)。
ちりを天に：哀悼(あいとう)の表現。

[b] 眠って安らいでいた：3:13-19は死後に行くよみ〔陰府〕の世界を描いている。p.24コラム「復活信仰」参照。

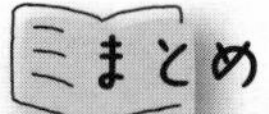

まとめ

「ヨブは理由もなく神を恐れているのでしょうか」と、サタンは主に問いました。「ヨブは、財産と子宝に恵まれ、健康で、わざわいから守られているから信仰を保っているのだ」とサタンは主張したのです。サタンは、神の許可のもとにヨブのすべてを奪います。しかし、それでも、神を恐れる〔畏れる〕ヨブの信仰は揺るがず、告発者であるサタンは舞台から退きます。

しかし、ここから、ヨブ記の中心のテーマが始まります。神とサタンのやりとりを知らされていないヨブにとって、突然のわざわいは、いわれのないことでした。ヨブは生まれた日を呪い、死を願うほどの痛みと苦しみの中で、正しい者がなぜ苦しまなければならないのかを問いかけていくことになります。

考えよう

「ヨブは、わざわいから守られているから信仰を保っているのだ」とサタンは訴えました。今も人々は、交通事故や病気から守られることを願って神に祈ります。しかし、ヨブは、わざわいを下した神をも信じ敬い続けました。私たちが神を信じ、恐れ〔畏れ〕る理由は何でしょう。私たちが信じている神は、天地万物の創造者であり、全能者である方でしょうか。

祈り

天地の造り主である神よ、私たちが、自分の願う神のあり方を描くのではなく、聖書が示すまことの神を知り、信じることができますように。

2課 第一回目の友人との対話　4-14章

4章からヨブと友人との対話が始まります。友人たちはヨブのことを本当に心配して遠方から訪れました。ヨブの痛みを見て7日間も言葉を失っていたほどに、ヨブに共感を示したよい友人でした。しかし、ついに語り始めます。生まれた日を呪い、死を願うほど苦しむヨブに対し、最初に口を開いたのはエリファズでした。

A テマン人エリファズとの対話　4-7章

(1) エリファズの主張　4、5章

1 エリファズによると、ヨブはどのように歩んでいましたか(4:1-6)。

2 エリファズは、ヨブのわざわいの原因をどこに見いだそうとしていますか（4:7-9)。

3 エリファズはどのような体験を語っていますか。それを語るのは何のためだと思いますか（4:12-16)。

4 ヨブのわざわいの背景として、どのようなことを告げていますか(4:17-21)。人[a]

5 エリファズは結論として、どのようなことをヨブに勧めていますか（5:17-18)。

---

[a] 人：ヨブを直接指すのを避けるための表現。

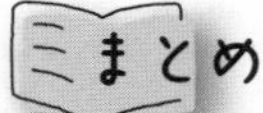

エリファズはヨブの生活に罪を見いだせません。しかし、「潔白なのに滅びた者があるか」というエリファズの確信のように、これほどのわざわいが下ったからには、ヨブには隠れた大きな罪があるに違いない、だから、それを認めて悔い改めれば、神はその傷を癒してくださると語ります。しかも、自分の神秘的な体験によってそれを確証しようとしています。

(2) ヨブの応答　6、7 章

それに対し、ヨブは応えていきます。

1　ヨブは自分の苦悶〔憤り〕をどう語っていますか (6:1-4、8-13)。

2　ヨブは友人であるエリファズのことをどう評価していますか (6:14-21)。水無し川〔涸れ谷〕[a]

3　エリファズたちの心の底を、ヨブはどう見ていますか (6:21)。

4　隠れた不正や罪があるはずだというエリファズの主張に、ヨブはどのように応えていますか (6:22-30)。

5　ヨブは神に何を訴えていますか (7:11-21)。

---

[a] 水無し川：雨季以外には水が流れていない川 (ワディ) を指す。求めて行っても期待が外れることを意味する。

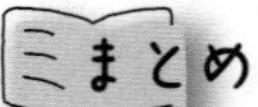

まとめ

自分が潔白であることはヨブ自身が知っていました。それなのにこれほどの苦しみに遭うことが理解できず、神に訴えています。ヨブはエリファズに友情を求めましたが得られませんでした。エリファズは、ヨブのあまりの悲惨（ひさん）さにおびえていたのです。また、エリファズは、自分の信仰上の確信の故に、ヨブを責め始めたのでした。親しい友人にも理解されず、ヨブは孤独のうちに、死さえ願いつつ、神に向かって、いつまで苦しみが続くのかと、嘆きの声をあげるばかりです。

考えよう

1　身近な人に、突然、わざわいが降りかかるとき、私たちは本能的に原因を探ろうとします。それは、身を守るために必要なことですが、時として、わざわいに遭っている友を苦しめることにもなります。思い当たることがあるでしょうか。

2　孤独のうちに苦しみ、嘆いて、死さえも願ったことがありますか。その時、どのような助けを友人に期待しましたか。どのように神に祈ったでしょうか。

祈り

神よ、人の苦しみに接した時に、自らが動揺することなく、心からの共感を示し続けることができるように助けてください。また、私たちが、死を願うほどの苦しみの時も、私たちを守り、お支えください。

B シュアハ人ビルダデとの対話　8-10 章

エリファズへのヨブの応答を聞いていたもう一人の友人ビルダデが話し始めます。

(1) ビルダテの主張　8 章

1　ビルダデは、ヨブの苦しみの原因を暗に指し示しています。それは何だと思いますか（8:1-4）。

2　ビルダデによれば、何をすれば、今の苦しみから解放されるのでしょうか（8:4-7）。あなたの子らが[a]

3　この発言から考えると、ビルダテは今のヨブをどのように評価しているのでしょうか。

(2) ヨブの応答　9-10 章

1　「ヨブの苦しみの原因は、罪とそむきであり、全能者にあわれみを乞うなら、神は回復してくださる」というビルダデの考え方に対し、ヨブはどのように応えていますか（9:1-3、15-21）。

2　神は悪しき者を滅ぼし、誠実な人は救う、というビルダデの主張(8:20) に、ヨブはどのように応えていますか (9:22-24)。さばき人[b]

3　古代中近東には、神の前で人を弁護してくれる天的な「仲裁者（ちゅうさいしゃ）」がいるという信仰があったようです(33:23 参照)。ヨブはそのような神との間の「仲裁者」に関して何を述べていますか(9:32-33)。

4　ヨブは神に何を訴えていますか（10:1-7）。

---

[a] あなたの子らが：ヨブを直接指すのを避けるための表現と思われる。
[b] さばき人：国や町の中で、裁判を司る人。

5 ヨブは、神にどのように扱われていると感じていますか（10:15-17）。

6 そのような神に対して、ヨブが祈りを通して表したかったせめてもの願いはどのようなものですか（10:18-22）。闇と死の陰の地[a]

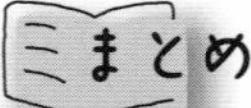

まとめ

かつてのヨブは、「神の前に正しく歩む人は幸いが与えられるが、悪しき者はわざわいに遭う」という確信を、友人たちと同じように持っていました。それは、ヨブの人生のなかで繰り返し体験してきたことでもありました。しかし、今、ヨブ自身が直面している現実は、神が潔白な者にわざわいをくだし、悪しき者が栄えるのを許されるというものです。

ヨブは、「私に悪しきことがないこと」を知っているのに、「何のために私と争われるのかを教えてください」と神に問います。しかし、この時点でのヨブは、「神と言い争いたいと思っても、千に一つも答えられない」（9:3）、「神が私の声に耳を傾けられるとは、信じられない」（9:16）と消極的であり、それ以上神に向かって行こうとはしません。また、神の御前で弁護してくれる仲裁者などいないのだ（9:33）、と悲観的です。ヨブのせめてもの願いは、死ぬ前に、神がこの苦しみから一時であっても解放してくださることでした（10:20-22）。

---

[a] 闇と死の陰の地：真っ暗な地下の世界。死者の眠る所を指す。p.8 脚注「眠って安らいでいた」参照。

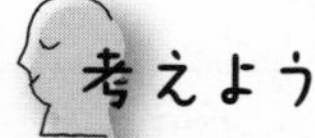

考えよう

1　ヨブが長い間持っていた、神や人生に対する確信と、今、ヨブが経験している現実は矛盾しているようです。私たちの人生で、自分の信仰の理解と現実が違うということを体験したことがありましたか。その時、どのように応答したでしょうか。

2　苦しみと痛みがあまりにも大きく、また長く続くために、神に向かうことができず、祈れなかったこと、あるいは、神に祈っても、神は答えてくださらないと思ったことがありましたか。分かち合いましょう。

祈り

神よ、あなたは全能者であり、正しい方であると信じています。しかし、正しい人が苦しみ、悪者が栄えるという不条理な現実に直面するとき、私たちのあなたへの信頼は揺さぶられます。私たちを正しい理解へと導いてください。

また、苦しみの時に、あなたに期待できなくなり、祈ることさえできなくなってしまう私たちをあわれみ、お支えください。

C ナアマ人ツォファルとの対話 11-14章

ビルダデとの対話を終えると、三人目の友人、ツォファルが登場します。

(1) ツォファルの主張 11章

1 ツォファルの目に、ヨブの応答はどのように映っていますか(11:1-4)。

2 ツォファルによると、ヨブに欠けているのは何ですか (11:5-10)。

3 どのようにしたら、ヨブは苦しみから逃れることができ、安らかに休むことができるとツォファルは言っているでしょうか(11:11-18)。

(2) ヨブの応答 12-14章

1 ヨブはツォファルが述べた知恵についてどのように応えていますか (12:1-3)。地の民[a]

2 正しい人が苦しむはずがないというツォファルの考えに、ヨブはどのように応えていますか (12:4-6)。

3 ヨブは神に何を願っていますか (13:1-3)。

4 ツォファルは、「神は正しい人を苦しめるはずがない」という信仰上の確信があるために、「ヨブには不正がある」(11:14) と語っています。そのようなツォファルをヨブはどのように表現していますか (13:4-12)。

---

[a] 地の民:ヘブル語では単に「民」。解釈が分かれる言葉だが、愚かな人々の意味と思われる。

5 ヨブはどのような信仰を持っているでしょうか。何を信じていますか（13:13-16）。肉を歯に…たましいを手のひらに[a]

注）神に会うことは、人は死ななければならないほど恐れ多いことと考えられていました（出 3:6、士師 13:22、イザ 6:5 参照）。

6 ヨブが祈りの中で神に願っていることは何ですか（13:20-24）。

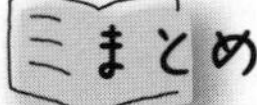

ツォファルはヨブに対して、「不法を遠ざければ安らぎが戻ってくる」と語ります。それに対しヨブは、「そのようなことはよく知っているが、ツォファルが言っていることは偽り」である。現実は「正しく誠実な者が笑いもの」になっていて、「荒らす者〔略奪者（りゃくだつしゃ）〕の天幕には安らぎがあ」るではないか、とヨブは訴えます。

ヨブにとってツォファルは、薬の代わりに偽りを塗る「無用の医者」であり、その姿勢は、結局、「神のために」と言って、「自分の顔を立てようと〔神に取り入（ろうと）〕」しているにすぎないと、ヨブは批判します。

ビルダデとの対話では、神に対して消極的であったヨブは、ツォファルとの対話では変化しています。ヨブは、「神と論じ合うことを願〔神に訴えた〕」い、「神が私を殺しても…私の道を神の御前に主張しよう」と、命をかけて神と論じることを願っています。みずから神に答え、神からの返答を待ち望んでいるのです。

[a] 肉を歯に…たましいを手のひらに：命を危険にさらしていることを表す。

考えよう

1　ヨブの苦しみは、「正しい人は苦しむはずがない」というツォファルの信仰を揺さぶるものでした。そのため、ヨブには隠れた不正があるに違いないと責めたのです。

あなたは、自分の信仰上の確信を揺るがすような事件や人の発言に遭遇したことがありますか。その時、相手を責め、否定したことがあるとすれば、なぜそのように行動したと思いますか。

あるいは、そのような経験を通して、自分の信仰の枠組みや理解が、大きく変化するような経験をしたことがありますか。

2　ヨブは、今までは、神に対して消極的で、悲観的でした。しかし、ツォファルへの応答では、命にかけても神と論じ合い、自分のことを神に主張しようと語っています。何がこの変化をもたらしたと思いますか。

信仰者として、神に真剣に向かっていくにはどうしたらよいか、語り合いましょう。

祈り

神よ、私たちは、自分の信仰理解だけが正しく、他は間違っていると考えがちです。そのような誤った確信によって人を傷つけることがないように、私たちを正してください。また、どのような状況に置かれても、真摯に神と向き合い、神に迫るように祈る信仰へと、私たちを導いてください。

3課　第二、第三回目の友人との対話　15-31章

14章でエリファズ、ビルダテ、ツォファルという三人の友人との対話が一巡します。15章からは、再び三人との対話が始まって21章で終わります。そして22章からは第三回目の対話が繰り返され、31章で終わります。つまり、4章から31章にかけて、ヨブは三人の友人とほぼ同じ内容の対話を繰り返しています。

一回目の対話	エリファズ：	4-5章	ヨブ：	6-7章
	ビルダデ：	8章	ヨブ：	9-10章
	ツォファル：	11章	ヨブ：	12-14章
二回目の対話	エリファズ：	15章	ヨブ：	16-17章
	ビルダデ：	18章	ヨブ：	19章
	ツォファル：	20章	ヨブ：	21章
三回目の対話	エリファズ：	22章	ヨブ：	23-24章
	ビルダデ：	25章	ヨブ：	26-31章

しかし、回が進むにつれ、三人の友人の言葉数は減っていきます。「罪を告白して、安らぎを得よ」と、ヨブにいくら説得してもヨブは納得せず、あくまでも自分の正しさを主張するので、友人たちには語るべきことがなくなっていったのです。

本手引では、繰り返しの多い二回目と三回目の対話を詳しくは取り上げません。しかし、この対話には、ヨブの信仰に変化が見られる箇所がありますので、そこに焦点を当てて学びましょう。

A　仲裁者（ちゅうさいしゃ）への期待

エリフは、「御使いか仲介者が、人の誠実さを神に告げてくれるならば、神はその人を赦（ゆる）し、回復してくださる」と語ります（33:23-28）。当時、人々の間には、そのような天的な仲介者への信仰があったようです。第一回目の対話では、ヨブは「私たち二人の上に手を置く仲裁者が、私たちの間にはいません」と語り（9:33）、神と自分の間に仲裁者がいないことを嘆（なげ）いていました。しかし、第二回目のエリファズとビルダデとの対話では、ヨブに変化が見られます。ヨブは何と語っているでしょうか。

(1) エリファズとの対話で　16:9-17:3

1　神はヨブに対してどのようなことをしましたか（16:9-14）。

2　その結果、ヨブは、今、どのような状態ですか（16:15-18）。
角[a]、血をおおうな[b]

3　友に嘲(あざけ)られ、神には理由もなく攻め続けられているヨブにとって、何が希望となっていますか（16:19-21）。

4　ヨブは「死」をどれほど意識しているでしょう（16:22-17:1）。

5　ヨブは友人の見舞いを、今やどのように感じていますか（16:20、17:2）。

6　そのような状況で、ヨブにとっての希望は何でしたか（17:3）。

---

[a] 角：力を象徴する。角を上げることは勝利を表す。

[b] 血をおおうな：無実の人が流した血は、神に正義を求めて叫ぶと考えられていた（創 4:10、37:26）。その叫びを止めるなという意味。

(2) ビルダデとの対話で　19:7-27

1　神はヨブに対し何をされましたか（19:7-13）。

2　ヨブの周りの人たちは、どうしましたか（19:13-20）。

3　ヨブは友人たちに何を懇願していますか（19:21-22）。

4　追い詰められたヨブは何を願っていますか（19:23-24）。脚注参照[a]

5　ヨブは自分の強い主張を「知っている」と表現する場合があります。そのため、矛盾（むじゅん）したことも「知っている」と語ります（9:28、13:18参照）。19:25の「私は知っている」という表現も、17:3のように仲裁者を求める強い願望の表れと思われます。ヨブはここで何を切に願っていますか（19:25）。脚注参照[b]。

6　ヨブを贖（あがな）う方（仲裁者）がいて、地上で証人として立ってくださると、ヨブには、どのようなことが起こると期待していますか（19:26-27）。剥（は）ぎ取られた後…肉から[c]

注）19:27の「この方」は、原語では関係代名詞であり、直前の「神」を指しています。共同訳では、省略されています。

---

a　書物に記され：ヨブが正しいという証言が記録され、いつか神の法廷で読み上げられ、自分の潔白さが証しされることを願っている。

b　贖（あがな）う方：自分の土地や自分自身が他人の手にわたった時、買い戻してくれる近い親戚を指した。ここでは、神と人との仲裁者を指す。
塵（ちり）の上に立つ：「塵の上」は「地の上」（ヨブ41:33〔25〕）とも訳されている。「立つ」ことは法廷で証人として立つことを指すので（申19:16）、地上で証人として立つことを意味すると思われる。

c　剥（は）ぎ取られた後…肉から：「私の体は、今、皮膚が剥ぎ取られたような重い病気にかかっているが、この生きた自分の体をもって」の意。生きているうちに神と直接語り合いたいという願いは、40章以降でかなうことになる。

まとめ

第一回目の対話において、ヨブは仲裁者がいないと嘆いていました。第二回目になると、仲裁者への期待が高まります（16:19、17:3)。人に見放され、神に追い詰められたヨブにとって、天的な仲裁者にしか望みがなかったのです。また、旧約聖書では、「神に会う」ということは、人は死ななければならないほど恐れ多いことでした。ヨブは、「直接、神に会いたい」という願いを強くしていましたが（13:15)、そのためにも仲裁者が必要でした。仲裁者が欲しい、そして、直接神に会いたい、という二つの願いが一つとなったのが、19:25-27と言えるでしょう。仲裁者(この箇所では「贖う方」)が証人として立ってくださる、だから、生きている間に、神の法廷で神に会うことができる、という期待がヨブに高まったのです。

しかし、仲裁者を求める切なる願いは応えられませんでした。ヨブは、この箇所を最後に、仲裁者に言及しなくなります。そして、命を取られてもよい、神と直接会って語り合いたい、という思いをますます強めていきます。

p.30 コラム「ヘンデルのメサイヤとヨブ記 19:25」を読みましょう。

考えよう

1　孤独と苦しみの中で仲裁者を求めたヨブの気持ちをどう思いますか。

2　キリストが私たちの側に立ってくださると確信するためには、どうしたらよいのでしょう。

祈り

神よ、御子の十字架の血潮によって私たちを贖ってくださり、ありがとうございます。罪が赦され、義と認められた者として、私たちの真実な思いを、恐れることなく御前に訴える者としてください。

B 神と直接論じ合いたい

ヨブは、3章で、神に祈ることもせず、自分の生まれた日を呪いました。エリファズとの対話では、いつまで耐えなければならないのかと嘆き(6:11-12)、ビルダデとの対話では、神と論じても、ヨブに答えることはできないと悲観的でした(9:14-16)。しかし、次第に、理由を教えてくださいと願い始め(10:2)、ツォファルとの対話では、「神と論じ合うことを願う〔神に訴えたい〕」(13:3)ようになり、「神が私を殺しても…私の道を神の御前に主張しよう」(13:15)と言うまでになります。

第三回目の対話に入っても、その思いは変わらないどころか強まっていきます。ヨブはエリファズとの対話で、神の御座に行って自分の言い分を並べ、神が言われることを知りたいと願います(23:3-5)。26章に入ると、ヨブは三人の友人への最後のスピーチを繰り広げ、31章で自分の論述を終えています。

1 ヨブは31章で、「このような罪を犯したならば、このような仕打ちを受けてもよい〔かまわない〕」という言い回しを繰り返します。その罪とはどのようなものでしょうか。章全体から見ていきましょう。

2 無罪を弁論したリストの最後で、ヨブは何を願っていますか(31:35-37)。

3 自分を訴える者が書いた告訴状を肩に担ぎ、「君主のようにしてこの方〔彼〕に近づきたい」と言うヨブの心境は、どのようなものだと思いますか。

注)「この方」〔彼〕は、神、あるいは、告発者を指すと思われます。

まとめ

自分の生まれた日を呪っていたヨブは、次第に神ご自身に向かって苦しみを述べ、無実を訴え、わざわいの理由を問うようになりました。一時は仲裁者に期待を置いた時期もありましたが、その後は、神と直接語り合いたいという願いを強めていき、最後には、叫ぶようにして自分の無罪を神に訴えて、スピーチを終えました。

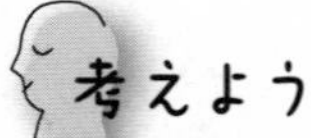

考えよう

ヨブは、決死の覚悟で神に近づいていきました。それは、ヨブが無実を確信していたからです。そのようなことは、罪人の私たちにはできないことでしょうか。もし、罪人である私たちも、同じような信仰と祈りに招かれているとしたら、どうしたらよいのでしょう。前課の贖(あがな)い主なるイエス・キリストのことを思い出し、考えてみましょう。今抱えている問題、痛み、願い、また、とりなしの祈りをもって、体当たりで神に近づくことができるでしょうか。

コラム

「復活信仰」

旧約聖書では、人は死ぬと土に帰る、あるいは、地下の世界(よみ〔陰府(よみ)〕)に行き、そのままであるというのが、一貫した理解でした。ヨブ自身も「人は死ぬと、また生きかえるでしょうか」、「帰らぬ旅路」などと繰り返し語っています(ヨブ 10:18-22、14:10-14、16:22 参照)。

世の終わりに死者が復活するということは、旧約時代の終わりから新約時代にかけての数百年の間に、神が次第に明らかにしてくださった教えです。

4課 エリフとの対話 32-37章

三人の友人との対話は終わりました。しかし、今まで発言を控(ひか)えてきた若いエリフが登場し、激しい口調で語り始めます。

1 三人の友人が答えるのをやめたのはなぜですか（32:1）。

2 エリフが怒っているのはなぜですか（32:2-5）。ラム族のブズ人[a]

3 エリフが今まで意見を述べなかったのはどのような理由からですか（32:4-8）。

4 エリフが語り始めたのはなぜでしょうか（32:9-22）。

5 エリフによるとヨブは何と語っていますか（33:8-11）。

6 エリフはヨブに何と答えていますか（33:12-13）。

7 エリフによれば、神は人にどのように語って、何をしようとしているのでしょうか（33:14-18）。

8 また、神が人を責めると、人はどうなると言っていますか（33:19-22）。

9 神と人の間に仲介者がいると、どうなりますか（33:23-28）。

10 エリフにとって神はどのような方ですか（36:5-7）。

---

[a] ラム族のブズ人：ナホルの子、ブズ（創 22:21）の子孫。アラビア地方にいたと思われる。

11 エリフの信仰理解から言うと、苦しみは何の結果ですか（36:8-9）。

12 エリフの理解では、罪ある者が悔改めるとどうなりますか、悔い改めないとどうでしょうか（36:10-12）。

まとめ

若いエリフは、神と人の間の仲介者について触(ふ)れますが、それ以上発展させることはありませんでした。基本的にエリフの考えは、先の三人の友人たちと変わりません。ヨブの隠れた罪を告白するよう迫ります。しかも、若く、怒りに燃えているエリフの口調は、年配の三人に比べて激しく、歯に衣(きぬ)を着せません。発酵(はっこう)したぶどう酒が、皮袋を張り裂(さ)くような激しい勢いでヨブを責めました。

ここで、友人たちのすべての言葉が終わります。

考えよう

純粋で率直な信仰のエネルギーは、激(はげ)しい怒りで人を責めてしまうことがあります。そのような経験がありましたか。今、感情が揺(ゆ)さぶられる程の事柄があるとすれば、どうしたらよいでしょうか。

祈り

平和の神よ、私たちがどのような時にも、自分と違ったあり方を受け止め、怒りの感情に振り回されることがないようお守りください。

5課 主との対話 38-41章

ヨブは、理由もなく激しい苦しみにあっている現状を訴え、神と語ることを度々求めてきました。友人とヨブのすべてのことばが終わったところで、ついに、主ご自身がヨブに語り始めます。

A 主の答え 38-39章

1 主はヨブの言い分をどのように見ていますか（38:1-2）。

2 主は、38:3 以降で、ヨブに様々なことを尋(たず)ねています。問いかけることによって、主がヨブに伝えようとしているのは、何だと思いますか（38:3-7）。

3 続く 38:8-15 では、主はヨブに何を伝えようとしていますか。

4 次の 38:16-21 ではどうでしょうか。

まとめ

主は大地について語り（38:4-7）、海と太陽について述(の)べ（38:8-15）、次に、海の源(みなもと)、深淵(しんえん)の奥底などの地下の世界、光と闇(やみ)（38:16-21）に関してヨブに尋ねました。その後、雪、雨、氷、深い淵(ふち)[a]などの水の世界（38:22-30）、すばる座〔プレアデス〕やオリオン座、また稲妻などの天体とその働き（38:31-38）、そして動物や鳥の世界（38:39-39:30）について尋ねます。そのことによって、主ご自身の圧倒的な力と知恵をヨブに示しました。

---

a 深い淵(ふち)：地下にあると思われていた広大な海。

B 主とヨブとの対話　40-41 章

主は 38-39 章で、ご自身の力と知恵をヨブに示してきました。

1　そのことによって、主は、ヨブに何を教えようとしたのですか (40:1-2)。

2　ヨブはどのように答えていますか。そのときのヨブの気持ちを想像してみましょう (40:3-5)。

3　主は、再びヨブに迫ります (40:6-7。38:1-3 参照)。主の目に、ヨブの主張はどのようなものでしたか (40:8)。

4　主が 40:9-14 で、ヨブに語ろうとしていることは何でしょうか。

主は次に河馬(かば)〔ベヘモット〕(40:15-24) とレビヤタン[a] (41 章〔40:25-41:26〕) という巨獣(きょじゅう)に言及して、ご自身の力と知恵を示します。38-39 章の主の発言は、主がヨブの願い (23:1-5) に応えて、ヨブと語り合ってくださったということでもありました。

まとめ

ヨブは自分が潔白(けっぱく)であること、受けている苦しみは明らかに不釣(ふつ)り合いであることを訴えてきました。また、主ご自身と語り合うことを願いました。するとついに、主は姿を現し、ヨブと直接語ってくださいました。

天と地と、それに満ちるすべてのものを造られた神は、全知全能で全く正しい方です。ところが、ヨブは、自分の正しさを主張していくうちに、被造物としての分を越え、結果的に、この造り主を不義に定めて、責めることになったのです。

---

[a] レビヤタン：古代中近東の神話では、混沌(こんとん)を現す海の巨獣(きょじゅう)。聖書では、神の被造物。

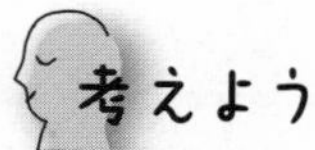

考えよう

ヨブは、潔白な自分になぜ苦しみを与えるのですかと主に問い続けてきました。主は確かにヨブに現れて語ってくださいましたが、ヨブの質問には答えていません。ところがヨブは納得したように見えます。それはなぜだと思いますか。

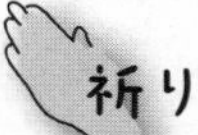

祈り

天地万物の造り主なる神よ、私たちはあなたの偉大さを十分に理解せず、被造物としての分を越えて、自分の判断を信じ、自らを義とし、あなたを責めることがあります。私たちが、全能者であるあなたの力と知恵と正しさを深く知り、御前にへりくだって、苦しみを受け入れることができるように導いてください。

コラム

「ヘンデルのメサイヤとヨブ記19:25」

ヘンデルの「メサイヤ」では、ヨブ19:25-26に続き、キリストの復活を語るIコリ15:20を、ソプラノが美しいアリアで歌っています。このアリアを通して、「贖う方は…ちりの上に立たれる」はキリストの復活を指すと、捉えられてきました。しかし、ヨブ記自体からその意味を正しく知ろうとする現代の注解者の中で、そのように述べる学者はほとんどいません。ヨブの時代には、死者の復活という考え方がなく、ヨブも同様だったからです（p.24コラム「復活信仰」参照）。また、19:25は、イエス・キリストを直接指し示すというよりも、当時の人々が期待していた、神と人との間に立つ「仲裁者」を指すと考えられるからです。

しかし、ヨブの期待は、キリストと無関係とは言えません。ヨブは、神の法廷でヨブの正しさを弁護してくれる、神以外の第三者、何かしらの天的な仲裁者、証人、保証人を求めていました（9:33、16:19、17:3）。最後には、贖う方が証人として立ってくださるので、神を見ることができる、神と会うことができる、とヨブは期待したのです。

ヨブの仲裁者への期待は答えられませんでした。しかし、後になって、神のひとり子が人となって来てくださり、神と人との真の仲裁者、贖い主となってくださったので、私たちには、神の法廷で弁護してくださる方が確実におられます。私たちはヨブのように、自ら無罪を主張して神の御前に出ることは到底できません。しかし、贖い主イエス・キリストの故に、私たちは、義とされた者として大胆に〔堂々と〕御座の前に出て（ヘブ4:16）、神に直接会うことができるのです。

6課 結末　42章

四人の友人との対話の後で、主に語っていただいたヨブは、最後に主に祈りを献げています。

1 ヨブは何を知りましたか（42:1-2）。

2 ヨブは、神が全能者であることを以前から知っていたはずです。なぜここで「私は知りました」と言うのでしょうか。42:5 参照。

3 主のことば（38:1-3、40:7）を引用して、ヨブは何を告白していますか（42:3-4）。

4 ヨブは、神ご自身と直接会って語りたいと願ってきました。ついに、38-41 章で神ご自身と直接対峙（たいじ）します（42:5）。その結果、ヨブはどうなりましたか（42:6）。ちりと灰の中で[a]

5 ヨブは悔いていますが、それはなぜだと思いますか。40:2、8 の主のことばから考えてみましょう。

6 神はヨブの友人たちに怒りました。それはどうしてですか（42:7）。

7 ヨブが主に語った「確かなこと」（42:7）とは、どのようなことだと思いますか。「確かなこと」は、「真実」、「正しいこと」とも訳すことができます。ヨブの苦しみの原因と、どのようにしたら回復されるのかに関して、友人たちは何と言ってきたかを思い出しましょう。

---

[a] ちりと灰の中で：辱（はずかし）め、悲しみ、へりくだり、などを示す行為。

8 神はどのような解決を備(そな)えていましたか（42:8-9）。
全焼のささげ物〔焼き尽くすいけにえ〕[a]

9 ヨブが友人たちのために祈ったとき、主は何をなさいましたか（42:10-11）。

10 ヨブの後半の人生はどのようなものでしたか（42:12-17）。

まとめ

全能者の知恵と力と正しさを目の当たりにしたヨブは、被造物である自分の知恵と知識の限界を知って、へりくだることができました。ヨブの友人たちは、正しいヨブを非難し、誤った結論を押し付けたのですが、主は、友人たちのそのような愚行さえ、ヨブのとりなしの故に赦してくださいました。そして、最終的に、主はヨブの人生をそれまで以上に祝福してくださったのです。

考えよう

1　ヨブの信仰は「あなたのことを耳で聞いていました」から、「私の目があなたを見ました」へと変化しました。神について知識を持っていることと、実際の経験から神を知ることとの違いは、どのように現れるでしょうか。

---

a 全焼のささげ物：一部も残さず、すべてを火で焼き尽くすいけにえを指す。全てを神に献げることを表す。感謝、罪の赦し、祭司の任職など、様々な機会に献げられた。

2 かつて、人々はヨブを重んじ、ヨブの言うことに聞き入っていました（29:11、21）。しかし、ヨブがわざわいに遭うと、彼から遠ざかりました。訪ねてきた友人たちは、「私に聞け」（15:17）、「ヨブよ、耳を傾けて私に聞け。黙れ。この私が語る」（33:31）と、ヨブに対して自分たちの言葉を聞くように迫りました。

ヨブは、友人たちに、「私の唇の訴えに耳を傾け」（13:6）、「私の言い分をよく聞いてくれ」（21:2）と懇願します。

苦しむ人は、友が真剣に耳を傾け、理解し、共感してくれることを願っています。ところが、人々は、往々にして、苦しむ人を避けるか、苦しむ人に説教しようとします。私たちはどうでしょうか。

3 理解できないこと、不条理なことを神に問いかけていったヨブが結果的に祝福され、自分の信仰理解の範囲内で、不条理な問題を簡単に解決しようとした友人たちが責められることになりました。この対比をどう思いますか。

4 あなたは今、神ご自身や信仰生活に関して疑問がありますか。その場合どうしたらよいでしょう。あるいは、疑問を抱えている人が周りにいますか。その人にどのように接したらよいでしょう。

祈り

全能者なる神よ、自分の理解を越えた苦しみに遭うとき、私たちもその理由を問いたくなります。被造物である分をわきまえながらも、正直に苦しみと向き合い、主イエスのゆえに、大胆にあなたに訴えることができるように助けてください。小さな自分の信仰の枠組みに収まってしまうよりも、全能者であるあなたの御思いの深さに近づきたいと思います。私を造り変えてください。

コラム

「新約聖書とヨブの忍耐」

新約聖書でも、「正しい人の苦しみ」は大切なテーマです。そして、「正しい人が苦しむ」ことの最たる例はイエスご自身です。主イエスは罪のない方であるにもかかわらず、十字架の上で苦しみました。世の罪のために正しい方が苦しまれたので、神の国が地上にもたらされたのです（Iペテ 2:21-25 参照）。

主に従う弟子にとっても苦しみは避けることのできないことでした。主は弟子たちに、ご自身の苦しみにあずかるようにと招き、実際、『使徒の働き』を見ると、弟子たちは、神の国を広げていく過程で多くの苦しみに遭っています。

新約聖書で一度だけヨブについて言及している「ヤコブの手紙」も、苦しみや試練の中で忍耐するようにと語る書です。ヤコブの手紙 5 章 7-11 節は、ヨブの忍耐、そして、慈愛に豊む主がどのような結末を用意してくださっていたかを読者に思い起こさせて、主の再臨まで耐え忍ぶようにと励ましています。

ヨブ記の中では、主の慈愛とあわれみ〔憐れみと慈しみ〕は、ヨブの人生の後半で表されましたが、新約聖書では、主が再び来られるときに表されるとしています。それは、主の再臨こそがキリスト者の救いの完成であること、また、新約聖書の神の民がどれほど「熱心に私たちの主イエス・キリストの現れを待ち望むようになってい」たかを示しています（Iコリ 1:7、ピリ 3:20、Iテサ 1:10、テト 2:13）。

主に従おうとするときに苦しみに遭うこと、そして、耐え忍ぶキリスト者の希望が、主の再臨であることは、今も変わりません。

ヨブ記と伝道者の書

私たちはヨブ記と新約聖書から、正しい人も苦しむ場合があること、キリストがともにいてくださるので、大胆(だいたん)に〔堂々と〕神に近づくことができること、苦しみに耐えつつ主の来臨を待ち望むことを学びました。

伝道者の書は、同じように、理由が分からない苦しみを取り扱っていますが、ヨブ記とは違う角度から光をあてています。それは、人生の不条理さの中で、なぜ、というよりも、どのように生きるかということに焦点をあてている点です。

信仰者として苦しむときに、日々の生活の中でどのように生きていくことが最善なのか。伝道者の書から学んでいきましょう。

第二部

伝道者の書

―苦しみの日に、どう生きるのか―

「伝道者の書」を読む前に

「伝道者の書」〔コレヘトの言葉〕とは

「伝道者」は、「コヘレト」というヘブル語の訳語です。集会を招集し、有益な知恵を教える教師とされていました。この伝道者が人生と信仰を語る「伝道者の書」は、難解な書の一つとされています。言葉や論理展開に不明な点が多く、書の構造と意味に関して多様な解釈があります。本手引では、神を信じている伝道者が、世の中の様々な現実を直視して、信仰者としての最善の生き方を人々に勧める書であると捉えています。

「空」（ヘベル）について

「伝道者の書」の学びに入る前に、この書を貫いている「空」という言葉について学びましょう。

多くの日本語聖書で、「空」と訳されてきたのは、「ヘベル」というヘブル語です。これは「空」という言葉が連想させる「虚無感」や「虚しさ」を意味していません。ヘベルは吐く息や蒸気を指す言葉で、すぐ消えてしまう一時的なありさま、つまり、「はかなさ」を意味しています。また、この手引では、「はかなさ」に加えて「不条理さ」の意味がある、と理解しています。不条理については、本手引 p.2 で簡単に説明していますので、ここで改めてお読みください。

「今日を生きよ」と書の構造

伝道者の書の中で、「今日を生きよ」（p.46 コラム参照）と呼ばれる有名な勧めが七回繰り返されています。七回も繰り返されているということは、この勧めが「伝道者の書」の中心の教えであることを示しています。この書の全体の構造についても、様々な考え方がありますが、この手引では、その勧めが一つの部分の結論であると考えて、書を7つに分けて学んでいきます。

信仰者の最善の生き方

伝道者は、たとえ富や快楽を得ても、また、事業で成功し社会で認められても、幸いに至らない現実を見ます。さらに、世の中には不正や悪があり、正しい者がわざわいに遭い、悪を行う者が栄える、という不条理な現実を直視します。信仰者も例外ではありません。

伝道者はその疑問にまっすぐに取り組みました。彼が鋭(するど)い目で観察したこと、そして、信仰者としてついに到達した最善の生き方とは何でしょうか。

はかなく、不条理な現実に生きる私たちも、生きる指針を伝道者の書に学んでいきましょう。

1課 序論　1:1-11

伝道者はこの序論（じょろん）の部分で自己紹介をし、全体をまとめています。

1　伝道者は自分をどのように紹介していますか（1:1）。ダビデの子[a]

2　伝道者は伝えたいことをどのようにまとめていますか（1:2）。この書の結論とも比較しましょう（12:8）。脚注参照[b]

3　伝道者はなぜ、「すべては空」と語るのでしょうか（1:3）。日の下[c]

4　どのような労苦も人に益がないと語る伝道者は、どのような例を挙（あ）げていますか（1:4-11）。自分なりに一言でまとめてみましょう。

考えよう

伝道者のこの観察と考え方をどのように思いますか。あなたは、伝道者にどのように応えますか。

祈り

天地の造り主である神よ、私たちは、使命感を持ち、喜びにあふれて、幸いな人生を過ごしたいと願っています。しかし、現実はなかなか、そのようにはいきません。悩みの多い人生を、私たちがどのように考え、どのように生きていったらよいのか、この書から学びたいと思っています。どうか、私たちを導いてください。

---

[a] ダビデの子：伝道者は伝統的にソロモンとされてきたが、ダビデの子はダビデの子孫全体を指し、ソロモンとは限らない。この書をいつ、誰が書き、編集したかは諸説（しょせつ）がある。

[b] 空の空：ヘブル語では、全く空であることを表す強調表現。

[c] 日の下：太陽の下にあるもの。すなわち、人の営み全て、世の中全般を指す。

2課 第一の勧め 1:12-2:26

地上の営みの「すべては空」という結論を最初に述べた伝道者は、これからその結論に至った様々な経験を述べていきます。

A 知恵 1:12-18

1 伝道者は、まずどうしようと心に決めましたか。その結果として得た結論はどのようなものでしたか(1:12-15)。曲げられたもの…[a]

2 知恵と知識を増し加えた伝道者にとって、知恵と知識は何をもたらしましたか（1:16-18)。

B 快楽〔喜び〕と労苦 2:1-11

伝道者は知恵の次に、快楽〔喜び〕と事業の拡張に取り組みます。伝道者はいつものように結論を先に述べ、各論に入っていきます。

1 伝道者の結論はどのようなものですか（2:1-2)。

2 伝道者は何を探し求めていますか（2:3)。
注）新改訳は「良い」、共同訳は「幸せ」と訳しています。

3 伝道者は労苦して何を成し遂げましたか。どのような快楽〔喜び〕を得ましたか（2:4-8)。

4 伝道者によると、労苦と楽しみ〔喜び〕はどのような関係にありますか（2:9-10)。

---

[a] 曲げられたもの…：神のなされたみわざを人間が変えることはできないことを表している。

5　事業とそのための労苦を振り返った伝道者の結論は、どのようなものでしたか（2:11)。

C 知恵と愚かさ　2:12-17

伝道者はここで、知恵と狂気〔無知〕と愚かさを比較します。

1　知恵と愚かさを比べた伝道者は、どちらがまさっていると言っていますか。なぜですか（2:12-14a)。

2　しかし、伝道者は知恵を得ても「空」であると述べます。それはなぜでしょうか（2:14b-17)。

D 後継者と悲痛　2:18-23

1　伝道者は一切の労苦を憎み、それは「空」（はかなく、不条理）であると言います。その理由は何ですか（2:18-21)。

2　もう一つの理由はどのようなものですか（2:22-23)。

E 第一の勧め　2:24-26

伝道者は、知恵を得、快楽〔喜び〕を味わい、労苦して事業を拡張し、偉大な人物になりました。しかし、様々な理由により、結局すべては、「空」でした。そこで、伝道者は一つの結論に至ります。

1　伝道者にとって何が良い〔幸せ〕ことですか（2:24)。

2　伝道者は、様々な快楽〔喜び〕を経験しましたが、それははかない（空）ものでした。では、伝道者が勧める「食べたり飲んだり」することは、そのような快楽〔喜び〕とどこが違うのだと思いますか。

3 伝道者は、本当の意味で食べて楽しむことができるのは、真の信仰者だけであると語っているようです（2:25）。その理由を考えてみましょう。

考えよう

1　一般的にも、物質的な豊かさや仕事の成功だけでは、幸せであると感じにくい、と言われています。私たちが求めている幸せとは何だと思いますか。

2　今までの伝道者の経験と観察、そして最終的に得た結論をどう思いますか。あなたはそこから何を学ぶことができますか。

祈り

父なる神よ、伝道者は、事業の成功、知恵や知識、様々な快楽〔喜び〕を試しましたが、そこには満足も幸いも見いだせませんでした。伝道者が見いだした唯一の良いことは、与えられた食事を楽しみ、日々の労苦そのものに満足を見いだすことでした。私たちも、その良いことがあなたの御手によることであると信じ、楽しみ、満足することができるよう助けてください。

3課　第二の勧め　3:1-15

　この手引のp.2で学んだように、神が造られた世界には秩序があります。その秩序の一つの面は、「ふさわしい時」というものです。

A　ふさわしい時を見極める　3:1-11

1　伝道者は「時」についてどのような理解をしていますか（3:1）。

2　例としてどのようなことを挙げていますか（3:2-8）。

3　この例の中からいくつか選び、具体的にどのような場合が考えられるか分かち合いましょう。時を正しく見極めないと、どうなるでしょうか。

4　神が人に与えた仕事〔労苦〕について、伝道者はどのように語っていますか（3:9-10）。

5　神は、どのように働かれますか（3:11）。それはどうしてだと思いますか。

6　神は人の心に永遠への思いを与えられましたが、なぜ、人間は神のみわざを過去から未来まで見極めることができないのでしょう（3:11）。

まとめ

　「天の下のすべての営み」にはふさわしい時があります。それは創造主がそのように造られたからです。神のなさることはすべて、時にかなって美しい〔麗しい〕のですが、人間は、ふさわしい時を見極められないことも多く、そのために、個人としても、また、共同体や国家としても失敗を繰り返しています。また、人間には、永遠への思いが与えられているので、過去を振り返って神のご計画を理解したいと思い、また、将来の神の御旨を悟(さと)りたいと願うのですが、十分にはできません。

そのような私たち人間は、不幸な生き方しかできないのでしょうか。いいえ、伝道者は積極的な結論に至ります。

B 第二の勧め 3:12-15

1 人生で唯一良いこと〔幸せ〕は何でしょうか。何が神の賜物ですか（3:12-13)。

2 人の仕事とは違って、神のみわざは、全く時にかなっています。そのため、それは永遠に変わることなく、何かをつけ加えることも、取り去る必要もありません。それにはどのような目的がありますか（3:14)。

3 神のみわざは、人間の目に新しいことがあるでしょうか（3:15)。1:9-11 参照。追い求められてきたこと[a]

考えよう

1 神の賜物としての「食べたり飲んだり」することは、遊興酩酊(ゆうきょうめいてい)や行き過ぎたグルメ志向と、どのように違うと思いますか。

2 私たちは過去を振り返って「神はこのようなご計画だったのだ」と納得したいものです。また将来に関しては、神のご計画をあらかじめ知りたいと願います。しかし、それは、人間にはできないことだと認めることによって(3:11)、真に幸いな日々を過ごす道を開くことになるかもしれません（3:12-13)。それはどうしてだと思いますか。

---

[a] 追い求められてきたこと：解釈の難しい箇所。「すでにあったこと」を指すと思われる。

祈り

造り主なる神よ、私たちは被造物に過ぎないため、あなたが時にかなってなさるみわざのすべてを見極めることはできません。ですが、あなたは、私たちが喜び楽しみ、食べたり飲んだりして、労苦の中に幸せを見いだす歩みを、賜物として与えてくださいました。私たちが、被造物としての分をわきまえて、この賜物を感謝し、喜んで受け取る者としてください。

コラム

「今日を生きよ」

西洋の格言（かくげん）に、「カルペ・ディエム」という言葉があります。ラテン語で「今日を掴（つか）め」という意味です。過去にとらわれず、明日を思い煩（わずら）わず、「今日を生きよ」という格言です。その思想に似た表現が、「伝道者の書」に七回も出てきます（2:24-26、3:12-15、3:22、5:18-20〔5:17-19〕、8:15、9:7-10、11:7-10）。そのため、ある学者たちは、その箇所を「カルペ・ディエム」と名付けるようになりました。

コラム

「いのちの息」

神である主は、その大地のちりで人を形造り、その鼻にいのちの息(ネシャマ)を吹き込まれた。それで人は生きるものとなった(創 2:7)。

古代の神学者アウグスティヌスは、この箇所の「息」を、人間だけに吹き込まれた「霊魂(れいこん)」であると誤解しました。そして、この霊魂が、神のかたちに造られていて、それゆえ人は尊いのだとしました。その誤解は、彼が深く関係していた新プラトン主義の影響でした。

実は、人間は、最初から神のかたちに造られていました。しかし、まだ、生きていなかったので、神は人にいのちの息を吹き込んで、生きるものとしたのです。「息」(ネシャマ)、あるいは「霊」(ルアハ)は、霊魂ではなく、いのちを意味します。

ですから、息や霊は人間だけではなく、動物にも与えられています。そして、息や霊が取られてそれが神のもとに戻ると、動物も人間も息絶えて、**土に帰り**ます(創 7:21−22、詩 104:29 参照)。両者とも、土のちりから取られたからです(創 3:19)。

もし、神がご自分だけに心を留め、その霊(ルアハ)と息(ネシェマ)をご自分に集められたら、**すべての肉なる者は**ともに息絶え、人は**土のちりに帰る**(ヨブ 34:14−15)。

霊(ルアハ)が出て行くと、人は自分の**土に帰り**
その日のうちに 彼の計画は滅び失せる(詩 146:4)。

伝道者の書 3:19 にも、人と獣は、「両方とも同じ息(ルアハ)を持つ」とあります。3:21 の「霊〔息〕」も同じルアハが使われていて、それは、霊魂ではなく、いのちの息を意味しています。獣(けもの)も人も、そのいのちの息が取られると土のちりに帰るのであって、人が獣よりまさっているとは言えない、というのが、19 節と同様、21 節の意味です。また伝道者の書 12:7 の「霊〔息〕」もルアハで、いのちの息を指しています。

伝道者は、人が神のかたちに造られたことを否定したり、軽視したりしているのではありません。ここで強調されているのは、人間は、動物と同様、被造物であり、いのちの息が取られると土に帰る、すなわち、人間は動物と同様に必ず死ぬ、ということでした。死が必ず訪れるという事実から目をそらさずに生きることによって、人は、今日という日を大切にし、喜んで生きることができるのです。

4課 第三の勧め 3:16-22

「ふさわしい時」について語った伝道者は、次に、社会の不正と人間の死という、人が避けて通れない問題に取り組みます。

A 不正について 3:16-17

1 伝道者はどこに不正があるのを見ていますか（3:16）。脚注参照[a]

2 伝道者はそのような現実に対して、どのように考えていますか（3:17）。

B 死について 3:18-21

1 神は人に対して、何を気づくようにされていますか（3:18）。

2 人はどのようにしてそれに気づくのでしょうか（3:19）。

注）この箇所の「息」（ルアハ）は、霊魂ではなく、神に与えられたいのちの息を指しています。p.47 コラム「いのちの息」参照。

3 土のちりから造られた人と獣が、死後に行くところはどこですか（3:20-21）。

注）3:21 は、否定の答えを期待する修辞疑問文と言われるものです。この節の「霊〔息〕」も 3:19 の「息」と同じ言葉で「ルアハ」であり、霊魂ではなく、いのち（の息）を指しています。動物も人間も死ぬと土に帰り、いのち（の息）は、与え主の神のもとへ戻るというのが、旧約聖書の教えです。上記のコラム参照。

---

[a] さばきの場：現代的な裁判所ではなく、町の長老たちによる合議、王や士師、あるいは預言者などの指導者による判断を指す。

C 第三の勧め 3:22

正義があるはずのさばきの場に不正があり、人も獣も同じように必ず死んで、土に帰るという現実を、伝道者は直視しました。

1 それでは、最も幸いな生き方は、どのようなものですか（3:22a）。わざ[a]

2 なぜですか（3:22b）。脚注参照[b]

3 伝道者の結論を支える、もう一つの現実はどのようなものですか（3:22c）。

考えよう

1 不正が絶えない現実と、その中でも、自分の「わざ」（日々の生活そのもの）を楽しむ生き方とは、どのように結びつくと思いますか。

2 人は必ず死んで土に帰る、という事実をうけとめることと、日々の営みのうちに喜びを見いだす生き方とは、どのように結びつくと思いますか。

祈り

神よ、さばきの場に不正があること、そして、人も獣と同じで、必ず死んで土に帰るという現実を受け止めることができるよう助けてください。そして、今日、あなたに与えられた「自分のわざ」を楽しむことができますように。

---

a わざ：人間のなす営みすべてを指す。

b 受ける分：神が人間に割り当てられたもの。

5課　第四の勧め　4:1-6:7

不正と死について考察してきた伝道者は、この課では、様々な人間の営みに注意を払います。

A　虐げや金銭などについて　4:1-5:17〔4:1-5:16〕

1　伝道者によれば、世の中の権力者による虐げはどのようなもので、どれほどひどいものですか(4:1-3)。私たちの身近なところで起こっている虐げ、またニュースなどで知る虐げに関して、知っていることがありますか。

2　伝道者は、人の労苦や成功の背後にどのような動機を見ていますか (4:4)。思い当たることはありますか。

3　怠惰、あるいは反対に、富を求めての働き過ぎを、伝道者はどのように見ていますか (4:5-8)。あなたはどのように思いますか。

4　仲間の大切さを考えると (4:9-12)、私たちの生き方や社会は、どのように変わっていくべきでしょうか。教会はどうでしょう。

5　世代交代における空（はかなさ、不条理）は、伝道者によればどのようなものですか (4:13-16)。

6　口から出す言葉について、伝道者が伝えようとしていることを自分の言葉でまとめてみましょう (5:1-7〔4:17-5:6〕)。あなたは特にどのような点に注意したいと思いますか。

7　貧しい者が虐げられているのを見ても、驚いてはならないと伝道者は語ります (5:8a〔5:7a〕)。その理由 (5:8b〔5:7b〕) は何ですか。

8　国にとって最善の王はどのような王ですか (5:9〔5:8〕)。

9　金銭や富を愛する生き方は、なぜ空（はかなく、不条理）なのでしょう（5:10-17〔5:9-16〕）。

B　第四の勧め　5:18-20〔5:17-19〕

1　伝道者は、世の中の虐げ、成功の背後にあるねたみ、働きすぎと怠惰、孤独（こどく）、そして、金銭を愛する生き方などを観察し、それらの営みを空であるとしました。では、伝道者は、どのような生き方が良いと見ていますか（5:18〔5:17〕）。

2　5:10と5:19〔5:9と5:18〕の生き方の違いはどこにあると思いますか。

3　5:17と5:20〔5:16と5:19〕の違いが生じたのはなぜだと思いますか。

C　日の下の悪しきこと　6:1-7

1　伝道者が見た悪しきこととは、どのようなことでしょうか（6:1-2）。

2　どのような人が不幸な人として描かれていますか（6:3-7）。

考えよう

1　あなたは、神からどのような良き物を与えられていると思いますか。あなたは、今日、それを楽しんでいますか。

2　神は、労苦も喜ぶようにされたとあります。どうして労苦を喜べるのだと思いますか。

3　与えられている良いものが、明日、取り去られるかもしれません。そうであれば、今日はどのように生きていけばよいのでしょうか。

祈り

神よ、私たちも伝道者が勧めるような生き方を身につけたいと思います。生かされている今日という日に、あなたからの良き物を楽しみ、日々の労苦の中に喜びを見いだすことができるように助けてください。

6課 第五の勧め 6:8-9:1

人生や社会の様々な問題に取り組んだ伝道者は、ここで知恵に焦点を当てます。

A 知恵の限界 6:8-12

1 伝道者は知恵をどのように評価しているでしょうか（6:8）。

注：この書の中で伝道者がよく使う、「何がまさっているだろうか」といった問いかけは「何もまさっていない」との、否定の答えを期待する一つの言い方です。

2 今まで学んできたことから判断すると、6:9の意味は「今、与えられている物（目が見ること）で満足することは、欲望に駆られて生きることよりもよい」であると思われます。しかし、このような知恵のある生き方さえも「空」であると言うのはなぜでしょうか。ここでは直接の答えは記されていないので、想像してみましょう。

3 人間を存在するようにし、人間に名をつけた「力のある者〔強い者〕」とは誰でしょうか。人間は、自分より力のある者と言い争う〔強い者を訴える〕ことができるでしょうか（6:10）。

4 伝道者は、ことばかずが多いことをどう評価していますか（6:11）。5:7〔5:6〕参照。

5 私たちには、人生において何が良いか、あるいは、将来何が起こるかを知る知恵があるでしょうか（6:12）。

B 知恵は愚かさにまさる　7:1-12

知恵は極め難く、知恵があっても人生はやはり空であると語った伝道者は、それでも、知恵があるほうがまさっていると述べていきます。

1　伝道者は名声がよい香油にまさるように、死ぬ日は生まれる日にまさると述べます。「知恵の心は喪中の家に」あるのは、なぜだと思いますか（7:2-4）。

2　愚かな者よりも知恵のある者に耳を傾けるほうがよいのはなぜでしょう。愚か者の歌や笑いが茨にたとえられるのはなぜだと思いますか（7:5-6）。

3　知恵のある判断を歪ませるものとして、伝道者はどのようなことを挙げていますか（7:7-10）。

4　知恵はどのような働きをするでしょうか（7:11-12）。

C 不条理な人生　7:13-8:14

幸いもわざわいも突然やってきます。そのような神のみわざを人は変えることができず、将来を見通すこともできません（7:13-14）。

1　そのような中で、人にできることは何でしょうか（7:14）。

2　伝道者は、「空」（はかなく、不条理）である人生で、何を見てきましたか（7:15）。長生き[a]

3　そのような人生において、伝道者は何を勧めていますか（7:16-20）。

---

[a] 長生き：旧約聖書では、正しい人に与えられる祝福のしるし。

4　人の陰口について、伝道者はどのように教えていますか（7:21-22）。

5　伝道者は知恵のある者になりたいと願い、また、知恵のある者を探し求めました。それはどのような結果となりましたか（7:23-29）。

注：7:26の「女」は、箴言などと同じ表現を使って、姦淫の女を指しています（箴2:16-19、5:1-4、7:8-23）。7:28では、男の方が優っているというよりも、男も女も知恵を持つ者がいないということが強調されています。伝道者の夫婦愛に関する考え方は9:9、箴言がたたえる女性に関しては箴31:10-31参照。

6　知恵ある者は王の前でどのように振る舞いますか（8:1-5）。

7　私たちは、わざわいが降りかかる時をあらかじめ知りたいと思います。また、「死の日」を自分の思うように変えたいと願います。それに関して伝道者は何と言っていますか（8:6-8）。

8　伝道者は、悪しき者についてどのように観察していますか（8:9-13）。

9　地上で行われている「空」（はかなく、不条理）であることには、どのようなものがありますか（8:14）。

D 第五の勧め　8:15

1　伝道者は、知恵は益だが限界があると語ります。また、正しい人にわざわいが突然襲い、悪が栄えるなどの不条理な現実を観察してきました。そこで、伝道者はどのような結論を出していますか。

2　そのような幸いはどこから来るのでしょう。

E 神のみわざ　8:16-9:1

地上の営みには、創造の秩序にかなったことと、それにそぐわない不条理な現実が入り乱れているように見えます。

1　人間はそのすべてを理解できるでしょうか（8:16-17)。

2　知恵ある者の場合はどうでしょう（8:17-9:1)。

考えよう

1　人間が知恵を尽くしても、不条理な現実を見極めることができない。「だから〔そこで〕」、食べて飲んで楽しめ、と促されるのはなぜだと思いますか。

2　飲食は、労苦の多い人生に神が楽しむようにと下さった良いものです。日々の食事がそのように大切な神の賜物であるならば、私たちが考え直さなければならないことがあるでしょうか。

祈り

神よ、私たちはあなたから知恵をいただいて、人としてよりよい歩みをしたいと思います。不条理な現実にあっても、労苦に添えてあなたが与えてくださるものを心から楽しむことができるように助けてください。

7 課 第六の勧め　9:2-10

知恵について考察してきた伝道者は、ここで、人間にとって最大の問題とも言える「死」に取り組みます。

A 死について　9:2-6

1 伝道者にとって、世の中で最悪のこととは何でしょうか（9:2-3）。
いけにえを献げる人[a]、死人のところ[b]

2 敬虔な信仰者にも、悪人にも、「死人のところへ行く」という同じ結末が臨みます。そのことを、あなたはどう思いますか。

3 それでも、生きている者には拠り所〔希望〕があり、死んだ者にまさっていると伝道者は語ります。なぜでしょうか（9:4-6）。

B 第六の勧め　9:7-10

私たちが生きている現実は、善人も罪人も同じ「死」という結末を迎えるという不条理なものです。その中で、今、生きている者にとっての最善の生き方とは、どのようなものでしょうか。飲食、仕事や家庭、ファッション、家庭生活などがどのようなものになるのか、自分の言葉で表現してみましょう（9:7-10）。白い衣、油[c]

---

[a] いけにえを献げる人：敬虔な信仰者を代表する表現。

[b] 死人のところ：9:10 の「よみ〔陰府〕」と同じ。旧約聖書では、人は死ぬと葬られ、地下の死者の世界である「よみ」に行く。よみは、死体が横たわっている安置所のように描かれている。

[c] 白い衣、油：両者とも、古代では祝祭日や、身を飾る時のもの。

考えよう

「どうせ明日は死ぬのだから、今日、好き勝手に生きよう」という刹那的（せつなてき）な生き方と、伝道者が勧める「今日、神から与えられている良きものを受け取り、それを喜び楽しんで生きよう」という生き方はどこが違うと思いますか。

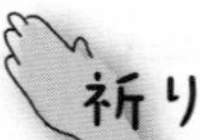

祈り

天地の造り主なる神よ、あなたは、私たちの手のわざを喜び、労苦にそえて、日々の生活の楽しみを与えてくださっています。必ず死ぬことになる私たちですが、生かされている今日という日を十分に楽しむことができるよう助けてください。

8課 第七の勧め　9:11-11:10

生きているからこそ、今日、神に与えられた賜物を楽しむことができると語った伝道者は、再び知恵について考えます。

A 知恵について　9:11-11:6

1　伝道者が描いている現実は、普通の道理とどのように違いますか(9:11-12)。

2　わざわいはどのように人を襲いますか。なぜでしょう（9:12)。

3　知恵はすぐれているものの、同時に「空」（はかない）であることを、伝道者はどのように表現しているでしょうか（9:13-18)。

4　知恵と愚かさの違いを、伝道者はどのように説明していますか(10:1-4)。

5　伝道者が見た世の中の悪や不条理はどのようなものですか(10:5-11)。

6　伝道者は言葉（10:12-15)、為政者のあり方（10:16-17)、生活態度(10:18-20）といった分野に分けて知恵あるあり方を記しています。それはどのようなものですか。

7　人には神のみわざを理解することができず、いつ、どのようなわざわいが起こるのか分からず、何が成功し、失敗するのかを予見できません。それを踏まえた上で、伝道者はどのような生き方、働き方を勧めていますか（11:1-6)。

B 第七の勧め 11:7-10

伝道者は、この課で、知恵は有益だが限界があり、必ずしも成功や幸せを伴わないこと、また、人間には神のみわざが理解できないために、いつどのようなわざわいが自分に降りかかるかわからない、と述べてきました。

1 伝道者はどのような生き方を勧めていますか(11:7-10)。

2 ここで伝道者が勧める生き方には、二つの但(ただ)し書きが加わっています。それは「闇の日も多くあることを忘れてはいけない」と、「神がこれらすべてのことにおいて、あなたをさばきに連れて行く」というものでした。この二つの但し書きと、人生を楽しむという基本は、どのような関係にあると思いますか。自分の言葉で言い表してみましょう。

まとめ

伝道者は第七の勧めにおいても、人生を楽しむようにと述べています。若さも青春も「空」である、すなわち、はかなく短いからこそ、若いうちに楽しめと語ります。伝道者は、書を通して同じ勧めを七回も繰り返してきました。つまり、それが最も伝えたかったことであると分かります。

祈り

天地の造り主なる神よ、幸いもわざわいも、あなたの許しのもとに起こっています。人生には闇(やみ)の日が多く、最後には神に申し開きをしなければなりません。それを踏(ふ)まえた上で、私たちが、神であられるあなたを仰ぎつつ、日々、楽しんで生きることができますように。

9課 結論　12:1-14

七つの勧めをしてきた伝道者は、最後に全体をまとめています。

1 伝道者は、ここで、人がわざわいに遭い（12:1）、老いて（12:1-5）、ついには死ぬ（12:6-7）ことを表現しています。そのようなことが起こる前に、何をするようにと伝道者は勧めていますか（12:1）。

注：この箇所の一つ一つの意味については、不明な点が多く、注解者の間で意見が分かれています。7節の「霊」に関しては、p.47コラム「いのちの息」参照。

2 伝道者は自分のことをどのように表現していますか（12:9）。

3 伝道者は自分の書いた書物（伝道者の書）をどのように言い表していますか。それはどのような意味だと思いますか（12:10-11）。脚注参照[a]

4 知恵ある者のことばは、人を正しい道に導くために有益ですが、何に気を付けるように促していますか（12:12）。

5 伝道者の最終結論はどのようなものですか（12:13-14）。

---

[a] 突き棒：牛や羊などを突いて正しい方向に動かす棒。
よく打ち付けられた釘：人生を確かにするものを指すと思われる。
一人の牧者：知恵者、神ご自身など、解釈が分かれる。

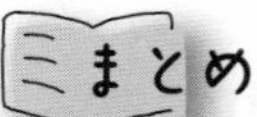

まとめ

人は、突然わざわいに遭い、そして、必ず老いて死んでいきます。そのような日が来る前に、「あなたの若い日に、あなたの創造者を覚えよ」と伝道者は勧めています。それは、今日を楽しむ生き方が創造者からの賜物だからです。そして、その賜物を受け取ることができるのも、創造者を覚え、神を恐れ〔畏れ〕、神に従うからなのです。

考えよう

「キリスト教信仰の堅苦しさを考えると、信じるのは老いて死ぬ直前がよい」と考える人がいます。伝道者の勧めを学んできた私たちは、どのように応答しますか。

祈り

神よ、私たちが、あなたを恐れ、命令に従い、今日という日に、あなたからの賜物を受け止めて、与えられている良いものを素直に喜び、楽しみつつ生きていくことができるよう助けてください。

「伝道者の書」の学びを終えて

空の空

伝道者は、富と快楽を得、事業に成功しましたが、それは、彼にとって、はかない（空）ものでした。社会に目を向ければ、不正とはなはだしい虐げがあります。また、正しい人が報われずに滅び、悪しき者が成功して長生きするといった不条理（空）な現実も見ました。知恵は確かに良いものですが、それにも限界があります。また、人は、ふさわしい時を悟ることができず、永遠への思いがあっても神のみわざを見極めることができません。しかも、人は突然わざわいに襲われ、多くの闇の日々を過ごし老いていき、ついには、善人も悪人も、等しく死んで土に帰ります。社会も人生も、このようにはかなく（空）、不条理（空）であると伝道者は語ります。

伝道者の招き

では、空の空である人生において、最善の生き方はどのようなものでしょうか。伝道者が行き着いた結論は、次のように「生かされている今を楽しむ」ということでした。

> ゆるされている今日という日に、質素であっても備えられた食事を楽しみ、与えられた良き物を喜び、身だしなみを整え、妻との生活を楽しみ〔妻とともに人生を見つめ〕、労苦の中に幸せを見いだすこと。これよりほかに、何も良いことはない。これこそ、神が労苦に添えて下さった賜物であり、人の受ける分なのだ。だから、若い日に、この創造者を覚え、恐れ〔畏れ〕敬い、神からの賜物を日々楽しんで生きよう。

伝道者は、このような信仰と生き方に私たちを招いています。

創造の秩序

神がはじめに天地を造られたとき、神は人をエデンの園に置き、園には「見るからに好ましく、食べるのに良いすべての木」（創 2:9）を生えさせてくださいました。神は必要な栄養素だけではなく、見た目も味も良いものを備えて、人が楽しむことができるようにされたのです。また、人が神に背く前のエデンの園での労働は、喜びだったことでしょう（創 2:15)。

キリストによる回復

しかし、「非常に〔極めて〕良かった」（創 1:31）本来のあり方は、人の罪の故に歪み、「空」となってしまいました（本手引 p.2 参照）。その「空」である現実のただ中で、精一杯、根源的な喜びと楽しみを回復するようにと、伝道者は私たちを招いているのではないでしょうか。

主イエスは、十字架にかかって私たちの罪を赦しただけではありませんでした。創造本来の生き方ができるようにと、十字架によって私たちを罪の縄目から解き放ち、聖霊を私たちのうちに遣わしてくださいました。私たちは、この伝道者の招きに応えることができるようにされたのです。あなたは、この招きにどのように応えていくでしょうか。

〔参考にした書籍〕

Eerdmans Dictionary of the Bible (Eerdmans Publishing Co., 2000).

The Anchor Yale Bible Dictionary (Yale University Press, 1992)

ヨブ記

Clines, David J. *Job 1-20*, Word Biblical Commentary, ed. David A. Hubbard and Glenn W. Barker. vol. 17. Nashville: Thomas Nelson Publishers, 1989.

Newsom, Carol A. *Job*. Word Biblical Commentary (OT), ed. David A.Hubbard and Glenn W. Barker. vol. 4. Nashville: Thomas Nelson Publishers, 2006.

伝道者の書

Bartholomew, Craig G. *Reading Ecclesiastes*: Old Testament Exegesis and Hermeneutical Theory. Analecta Biblica. Roma: Editrice Pontificio Istituto Biblico, 1998.

Fox, Michael V. *A Time to Tear Down & A Time to Build Up.* Grand Rapids: Eerdmans, 1999. Chap 2.

Murphy, Roland. *Ecclesiastes.* Word Biblical Commentary (OT), ed. David A. Hubbard and Glenn W. Barker. vol. 23A. Nashville: Thomas Nelson Publishers, 1992.

Seow, Choon-Leong. *Ecclesiastes.* The Anchor Bible, ed. William F. Albright and David Noel Freedman. vol. 18C. Garden City, New York: Doubleday, 1997.

「聖書を読む会」について

「聖書を読む会」の働きは、戦後まもなく来日した二人の米国人宣教師から始まりました。二人は大学生や地域の女性たちのために、聖書を共に学べる質問集（手引）を作成し、また、英語の手引を翻訳・出版し始めたのです。

この働きは徐々に広がり、手引を使うグループが各地に起こされていきました。ボランティアとして活動に参加する方々も加わり、1980年には「聖書を読む会」が組織されました。2016年からは、日本人著者によるオリジナル手引の制作・出版をしています。これらの手引は、日本国内はもとより世界各地で使われ、人々の救いと成長のために用いられています。

「聖書を読む会」は、はじまりから今日まで、諸教会と主にある兄弟姉妹に支えられてその働きが続いています。手引を低価格で提供できているのは、制作費や必要経費などが献金によってまかなわれているためです。この働きを継続するためにご協力ください。

(郵便振替口座番号：00180－9－81537　聖書を読む会)

ヨブ記・伝道者の書　―苦しみの日に―　　定価（本体600円+税）

2019年4月1日　発行
2024年3月1日　第2刷

編集・発行　聖書を読む会

〒101-0062
東京都千代田区神田駿河台2-1 OCCビル内
https://syknet.jimdo.com/　sykoffice21@gmail.com

表紙デザイン　yme graphics　三輪 義也

印　　刷　（宗）ニューライフ・ミニストリーズ 新生宣教団